LE MOOC de la messe

Le MOOC de la messe
est une formation en ligne
accessible sur www.lemoocdelamesse.fr.
Vous trouverez à cette adresse tous les
supports complémentaires
pour vivre au mieux votre formation !

Conception et choix des textes : Maÿlis Robert-Ambroix

Direction : Guillaume Arnaud
Direction éditoriale : Sophie Cluzel

Direction artistique : Armelle Riva
Mise en page : Patrick Leleux PAO

Direction de fabrication : Thierry Dubus
Fabrication : Sabine Marioni

57, rue Gaston Tessier, CS 50061, 75 166 Paris Cedex 19
www.mameeditions.com

ISBN : 9782710506584
MDS : MM06584

LE MOOC de la messe

Livret du participant

MAGNIFICAT MAME fc famille chrétienne

INTRODUCTION

**« Il est fondamental pour nous chrétiens
de bien comprendre
la valeur et la signification de la messe,
pour vivre toujours plus pleinement
notre relation avec Dieu. »**

• PAPE FRANÇOIS •

Pourquoi aller à la messe ? Qu'est-ce qu'il se passe pendant la consécration ? Pourquoi le prêtre embrasse-t-il l'autel ? Et, de façon générale, quelle est la signification des gestes, des rites ? Peut-on célébrer la messe n'importe où ? Quel est le sens des lectures ? C'est quoi la présence réelle ? Qu'est-ce que cela veut dire « un mémorial » ?
La messe suscite beaucoup de questions : pratiquant, croyant, ou juste curieux, on n'a jamais fini de découvrir ce mystère.

LE MOOC, UNE FORMATION QUI VOUS TRANSFORME

Pourtant, si l'envie de se former est bien présente, on peine parfois à trouver le temps nécessaire ou la formation adéquate.
Le **MOOC** (*Massive Open Online Course*) de la messe est une formation gratuite en ligne. Elle s'adresse à tous, sans aucun prérequis. Les supports sont variés : vidéos, textes, prières, quiz, forum animé par une équipe pédagogique.

UNE LIBERTÉ TOTALE

Chaque participant peut avancer à son rythme, seul ou en groupe. En fonction du temps disponible, chacun adaptera son programme de formation. Suivre les vidéos et répondre au quiz demande une demi-heure. Mais il est possible d'aller plus loin, de se plonger dans les lectures, qui offrent un éclairage complémentaire, de travailler les textes en profondeur, à l'aide des questions. Un temps de prière est aussi proposé pour que les enseignements sur la messe irriguent la vie spirituelle. Enfin, un forum est disponible en ligne : lieu d'échanges entre la communauté du **MOOC**, il est là pour permettre à chacun d'approfondir sa réflexion, de faire partager ses commentaires, de bénéficier des questions et des expériences des autres participants.

UN LIVRET PRATIQUE

Ce livret a été pensé comme un outil pratique pour suivre au mieux la progression du **MOOC**. Il ne contient pas l'ensemble des documents présents en ligne, mais il est là pour vous permettre de garder une trace de cette formation.

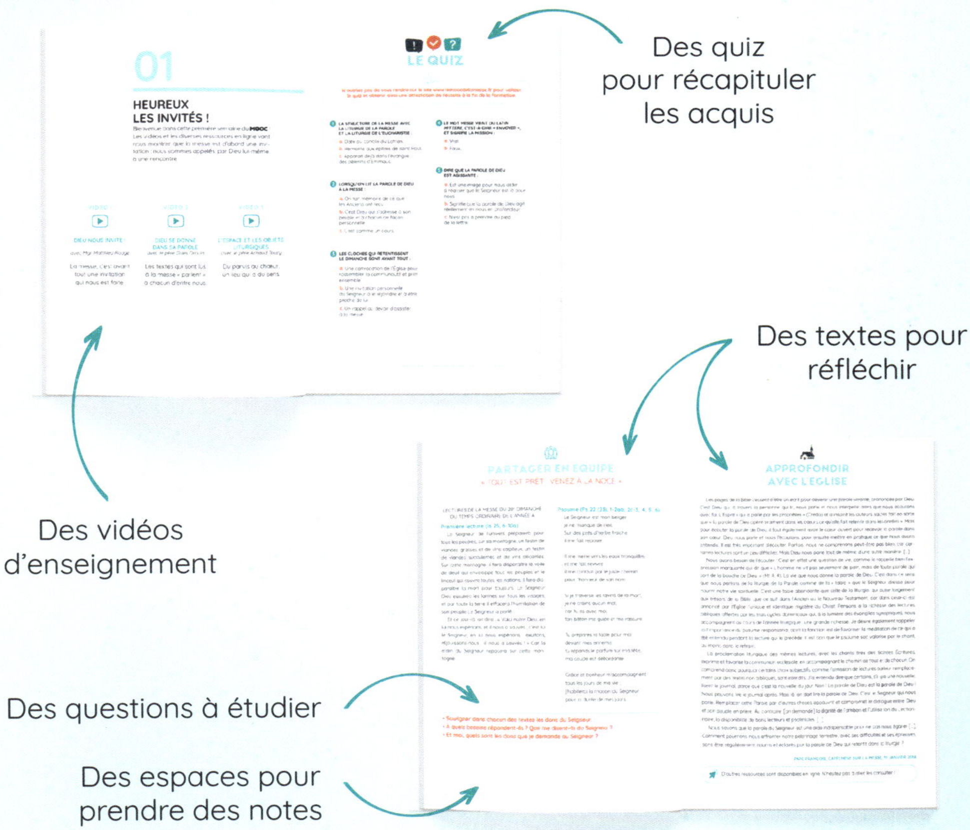

Pour chaque étape, vous trouverez : un résumé des vidéos, un quiz, un texte d'étude avec des questions, un ou deux textes de la Tradition de l'Église pour aller plus loin, une prière et des espaces vierges pour noter ce que vous voulez retenir ou les réflexions que suscite la formation.

UNE ÉQUIPE PÉDAGOGIQUE PRÉSENTE POUR VOUS TOUT AU LONG DU DÉROULÉ DU MOOC

- des laïcs et des prêtres de plusieurs diocèses, qui sont le visage de nos communautés ;
- Mgr Matthieu Rougé, évêque de Nanterre ;
- le père Gilles Drouin du diocèse d'Évry, directeur de l'Institut supérieur de liturgie au sein de l'Institut catholique de Paris.

L'EUCHARISTIE, SOURCE ET SOMMET DE LA VIE CHRÉTIENNE

Pour parler de la messe, cette formation s'est laissé guider par le mouvement spirituel de la messe. Le Seigneur invite à la messe pour se donner : à chacun d'aller à sa rencontre, de participer à son sacrifice, de « l'accueillir sous son toit ». Ainsi, transformé par une rencontre personnelle et intime avec Jésus Christ, on peut répondre à son appel : devenir disciple et missionnaire, chargé de faire partager notre joie de croire.

SOMMAIRE

DIEU NOUS INVITE POUR SE DONNER À NOUS

01 HEUREUX LES INVITÉS !

02 LE CHRIST NOUS DONNE SA VIE ET SON CORPS POUR NOTRE SALUT

L'ACCUEILLIR ET PARTICIPER À SON SACRIFICE

03 ACCUEILLIR LE SEIGNEUR DE TOUT SON CŒUR

04 PARTICIPER À SON OFFRANDE PAR LE DON DE NOUS-MÊME

RENOUVELÉS ET TRANSFORMÉS PAR LE CHRIST POUR LA MISSION

05 LA COMMUNION AU CHRIST, SOURCE DE LA COMMUNAUTÉ

06 POUR LA GLOIRE DE DIEU ET LE SALUT DU MONDE

01

HEUREUX LES INVITÉS !

Bienvenue dans cette première semaine du MOOC ! Les vidéos et les diverses ressources en ligne vont nous montrer que la messe est d'abord une invitation : nous sommes appelés, par Dieu lui-même, à une rencontre.

VIDÉO 1

DIEU NOUS INVITE !

avec Mgr Matthieu Rougé

La messe, c'est avant tout une invitation qui nous est faite.

VIDÉO 2

DIEU SE DONNE DANS SA PAROLE

avec le père Gilles Drouin

Les textes qui sont lus à la messe « parlent » à chacun d'entre nous.

VIDÉO 3

L'ESPACE ET LES OBJETS LITURGIQUES

avec le père Arnaud Toury

Du parvis au chœur, un lieu qui a du sens.

LES RÉFÉRENCES DE LA PAROLE DE DIEU CITÉE DANS LES VIDÉOS

DIEU NOUS INVITE !

Genèse 12, 1-2

Actes des Apôtres 2, 42

Luc 24, 13-31 Les pèlerins d'Emmaüs

Jean 1, 14

DIEU SE DONNE DANS SA PAROLE

Exode 33, 8-12 Dieu parle à Moïse

1 Rois 19, 8-13 La rencontre de Dieu avec Élie sur l'Horeb

1 Samuel 3, 1-10 L'appel de Samuel

Jean 4, 5-14 La Samaritaine

Actes des Apôtres 9, 1-8 La conversion de Saul

Hébreux 4, 12-13

LE QUIZ

N'oubliez pas de vous rendre sur le site www.lemoocdelamesse.fr pour valider le quiz et obtenir ainsi une attestation de réussite à la fin de la formation.

1 LA STRUCTURE DE LA MESSE AVEC LA LITURGIE DE LA PAROLE ET LA LITURGIE DE L'EUCHARISTIE :

a. Date du concile du Latran.

b. Remonte aux épîtres de saint Paul.

c. Apparaît déjà dans l'évangile des pèlerins d'Emmaüs.

2 LORSQU'ON LIT LA PAROLE DE DIEU À LA MESSE :

a. On fait mémoire de ce que les Anciens ont reçu.

b. C'est Dieu qui s'adresse à son peuple et à chacun de façon personnelle.

c. C'est comme un cours.

3 LES CLOCHES QUI RETENTISSENT LE DIMANCHE SONT AVANT TOUT :

a. Une convocation de l'Église pour rassembler la communauté et prier ensemble.

b. Une invitation personnelle du Seigneur à le rejoindre et à être proche de lui.

c. Un rappel au devoir d'assister à la messe.

4 LE MOT MESSE VIENT DU LATIN *MITTERE*, C'EST-À-DIRE « ENVOYER », ET SIGNIFIE LA MISSION :

a. Vrai.

b. Faux.

5 DIRE QUE LA PAROLE DE DIEU EST AGISSANTE :

a. Est une image pour nous aider à réaliser que le Seigneur est là pour nous.

b. Signifie que la parole de Dieu agit réellement en nous en profondeur.

c. N'est pas à prendre au pied de la lettre.

PARTAGER EN ÉQUIPE

« TOUT EST PRÊT : VENEZ À LA NOCE »

LECTURES DE LA MESSE DU 28e DIMANCHE DU TEMPS ORDINAIRE DE L'ANNÉE A

Première lecture (Is 25, 6-10a)

Le Seigneur de l'univers préparera pour tous les peuples, sur sa montagne, un festin de viandes grasses et de vins capiteux, un festin de viandes succulentes et de vins décantés. Sur cette montagne, il fera disparaître le voile de deuil qui enveloppe tous les peuples et le linceul qui couvre toutes les nations. Il fera disparaître la mort pour toujours. Le Seigneur Dieu essuiera les larmes sur tous les visages, et par toute la terre il effacera l'humiliation de son peuple. Le Seigneur a parlé.

Et ce jour-là, on dira : « Voici notre Dieu, en lui nous espérions, et il nous a sauvés ; c'est lui le Seigneur, en lui nous espérions ; exultons, réjouissons-nous : il nous a sauvés ! » Car la main du Seigneur reposera sur cette montagne.

Psaume (Ps 22 (23), 1-2ab, 2c-3, 4, 5, 6)

Le Seigneur est mon berger :
je ne manque de rien.
Sur des prés d'herbe fraîche,
il me fait reposer.

Il me mène vers les eaux tranquilles
et me fait revivre ;
il me conduit par le juste chemin
pour l'honneur de son nom.

Si je traverse les ravins de la mort,
je ne crains aucun mal,
car tu es avec moi,
ton bâton me guide et me rassure.

Tu prépares la table pour moi
devant mes ennemis ;
tu répands le parfum sur ma tête,
ma coupe est débordante.

Grâce et bonheur m'accompagnent
tous les jours de ma vie ;
j'habiterai la maison du Seigneur
pour la durée de mes jours.

- **Souligner dans chacun des textes les dons du Seigneur.**
- **À quels besoins répondent-ils ? Que me disent-ils du Seigneur ?**
- **Et moi, quels sont les dons que je demande au Seigneur ?**

Évangile (Mt 22, 1-14)

En ce temps-là, Jésus se mit de nouveau à parler aux grands prêtres et aux pharisiens, et il leur dit en paraboles : « Le royaume des Cieux est comparable à un roi qui célébra les noces de son fils. Il envoya ses serviteurs appeler à la noce les invités, mais ceux-ci ne voulaient pas venir. Il envoya encore d'autres serviteurs dire aux invités : "Voilà : j'ai préparé mon banquet, mes bœufs et mes bêtes grasses sont égorgés ; tout est prêt : venez à la noce." Mais ils n'en tinrent aucun compte et s'en allèrent, l'un à son champ, l'autre à son commerce ; les autres empoignèrent les serviteurs, les maltraitèrent et les tuèrent. Le roi se mit en colère, il envoya ses troupes, fit périr les meurtriers et incendia leur ville. Alors il dit à ses serviteurs : "Le repas de noce est prêt, mais les invités n'en étaient pas dignes. Allez donc aux croisées des chemins : tous ceux que vous trouverez, invitez-les à la noce." Les serviteurs allèrent sur les chemins, rassemblèrent tous ceux qu'ils trouvèrent, les mauvais comme les bons, et la salle de noce fut remplie de convives.

Le roi entra pour examiner les convives, et là il vit un homme qui ne portait pas le vêtement de noce. Il lui dit : "Mon ami, comment es-tu entré ici, sans avoir le vêtement de noce ?" L'autre garda le silence.

Alors le roi dit aux serviteurs : "Jetez-le, pieds et poings liés, dans les ténèbres du dehors ; là, il y aura des pleurs et des grincements de dents." Car beaucoup sont appelés, mais peu sont élus. »

- **Repérer les différents personnages de la parabole et leurs attitudes. Pourquoi les invités ne veulent-ils pas venir à la noce ? Comment le roi réagit-il ?**
- **Qui est finalement invité à la noce ? Pourquoi personne n'est-il exclu ? Et « l'habit de noce », la préparation qui est attendue de moi, comment est-ce que je le comprends ?**
- **Quels sont mes freins pour venir à la messe ? Comment est-ce que je réponds à cette invitation du Seigneur ?**
- **Ai-je besoin de changer la manière dont je réponds à cette invitation ?**

LA PRIÈRE

De quel amour sont aimées tes demeures,
Seigneur, Dieu de l'univers !

Mon âme s'épuise à désirer les parvis
du Seigneur ;
mon cœur et ma chair sont un cri
vers le Dieu vivant !

L'oiseau lui-même s'est trouvé
une maison,
et l'hirondelle, un nid
pour abriter sa couvée :
tes autels, Seigneur de l'univers,
mon Roi et mon Dieu !

Heureux les habitants de ta maison :
ils pourront te chanter encore !
Heureux les hommes dont tu es la force :
des chemins s'ouvrent dans leur cœur !

Quand ils traversent la vallée de la soif,
ils la changent en source ;
de quelles bénédictions la revêtent
les pluies de printemps !

Ils vont de hauteur en hauteur,
ils se présentent devant Dieu à Sion.

Seigneur, Dieu de l'univers,
entends ma prière ;
écoute, Dieu de Jacob.
Dieu, vois notre bouclier,
regarde le visage de ton messie.

Oui, un jour dans tes parvis
en vaut plus que mille.

J'ai choisi de me tenir sur le seuil,
dans la maison de mon Dieu,
plutôt que d'habiter parmi les infidèles.

Le Seigneur Dieu est un soleil,
il est un bouclier ;
le Seigneur donne la grâce, il donne la gloire.

Jamais il ne refuse le bonheur
à ceux qui vont sans reproche.

Seigneur, Dieu de l'univers,
heureux qui espère en toi !

Psaume 83

QU'EST-CE QUE JE CHOISIS DE RETENIR DE CETTE PREMIÈRE SEMAINE DU MOOC ?

....

....

....

APPROFONDIR AVEC L'ÉGLISE

Les pages de la Bible cessent d'être un écrit pour devenir une parole vivante, prononcée par Dieu. C'est Dieu qui, à travers la personne qui lit, nous parle et nous interpelle alors que nous écoutons avec foi. L'Esprit « qui a parlé par les prophètes » (Credo) et a inspiré les auteurs sacrés fait en sorte que « la parole de Dieu opère vraiment dans les cœurs ce qu'elle fait retentir dans les oreilles ». Mais pour écouter la parole de Dieu, il faut également avoir le cœur ouvert pour recevoir la parole dans son cœur. Dieu nous parle et nous l'écoutons, pour ensuite mettre en pratique ce que nous avons entendu. Il est très important d'écouter. Parfois, nous ne comprenons peut-être pas bien, car certaines lectures sont un peu difficiles. Mais Dieu nous parle tout de même d'une autre manière. [...]

Nous avons besoin de l'écouter ! C'est en effet une question de vie, comme le rappelle bien l'expression marquante qui dit que « L'homme ne vit pas seulement de pain, mais de toute parole qui sort de la bouche de Dieu. » (Mt 4, 4). La vie que nous donne la parole de Dieu. C'est dans ce sens que nous parlons de la liturgie de la Parole comme de la « table » que le Seigneur dresse pour nourrir notre vie spirituelle. C'est une table abondante que celle de la liturgie, qui puise largement aux trésors de la Bible, que ce soit dans l'Ancien ou le Nouveau Testament, car dans ceux-ci est annoncé par l'Église l'unique et identique mystère du Christ. Pensons à la richesse des lectures bibliques offertes par les trois cycles dominicaux qui, à la lumière des évangiles synoptiques, nous accompagnent au cours de l'année liturgique : une grande richesse. Je désire également rappeler ici l'importance du psaume responsorial, dont la fonction est de favoriser la méditation de ce qui a été entendu pendant la lecture qui le précède. Il est bon que le psaume soit valorisé par le chant, au moins dans le refrain.

La proclamation liturgique des mêmes lectures, avec les chants tirés des Saintes Écritures, exprime et favorise la communion ecclésiale, en accompagnant le chemin de tous et de chacun. On comprend donc pourquoi certains choix subjectifs, comme l'omission de lectures ou leur remplacement par des textes non bibliques, sont interdits. J'ai entendu dire que certains, s'il y a une nouvelle, lisent le journal, parce que c'est la nouvelle du jour. Non ! La parole de Dieu est la parole de Dieu ! Nous pouvons lire le journal après. Mais là, on doit lire la parole de Dieu. C'est le Seigneur qui nous parle. Remplacer cette Parole par d'autres choses appauvrit et compromet le dialogue entre Dieu et son peuple en prière. Au contraire, [on demande] la dignité de l'ambon et l'utilisation du Lectionnaire, la disponibilité de bons lecteurs et psalmistes. [...]

Nous savons que la parole du Seigneur est une aide indispensable pour ne pas nous égarer [...]. Comment pourrions-nous affronter notre pèlerinage terrestre, avec ses difficultés et ses épreuves, sans être régulièrement nourris et éclairés par la parole de Dieu qui retentit dans la liturgie ?

PAPE FRANÇOIS, *CATÉCHÈSE SUR LA MESSE*, 31 JANVIER 2018

D'autres ressources sont disponibles en ligne. N'hésitez pas à aller les consulter !

02

LE CHRIST NOUS DONNE SA VIE ET SON CORPS POUR NOTRE SALUT

La semaine dernière, nous avons découvert que Dieu nous invite à la messe, qu'il s'offre dans la Parole que nous y entendons.
Cette semaine, les vidéos et autres ressources en ligne vont nous parler du don que le Seigneur fait de lui-même dans l'eucharistie.

VIDÉO 4

DIEU SE DONNE DANS L'EUCHARISTIE
avec le père Gilles Drouin

La messe est le mémorial du dernier repas du Christ.

VIDÉO 5

LE CHRIST EST RÉELLEMENT PRÉSENT
avec Mgr Matthieu Rougé

Dieu veut se donner à nous pour que nous nous transformions en Lui. « Qui mange ma chair et boit mon sang a la vie éternelle. »

VIDÉO 6

LES GESTES ET ACTEURS DE LA LITURGIE
avec le père Arnaud Toury

Zoom sur le chœur, haut lieu de la messe.

LES RÉFÉRENCES DE LA PAROLE DE DIEU CITÉE DANS LES VIDÉOS

DIEU SE DONNE DANS L'EUCHARISTIE

Matthieu 26, 17-29

Marc 14, 12-25

Luc 22, 14-20

1 Corinthiens 11, 23-26

LE CHRIST EST RÉELLEMENT PRÉSENT

Matthieu 18, 20

Matthieu 25, 40

Exode 16, 14-18

LE QUIZ

N'oubliez pas de vous rendre sur le site www.lemoocdelamesse.fr pour valider le quiz et obtenir ainsi une attestation de réussite à la fin de la formation.

1 LE TESTAMENT QUE LE SEIGNEUR A LAISSÉ À SES DISCIPLES :

a. C'est l'ensemble de ses discours, relatés dans les évangiles.

b. C'est de nous aimer les uns les autres.

c. C'est toute sa personne, corps livré, sang versé.

2 PARTICIPER À LA MESSE SIGNIFIE « VIVRE ENCORE UNE FOIS LA PASSION ET LA MORT RÉDEMPTRICE DU SEIGNEUR » :

a. Vrai.

b. Faux.

3 LA TRANSSUBSTANTIATION EST UN TERME SAVANT POUR DIRE :

a. Qu'à la consécration le Christ devient réellement présent dans l'hostie consacrée.

b. Que le pain et le vin symbolisent et représentent le Christ.

c. Que le pain et le vin sont des nourritures d'une substance spirituelle.

4 PAR LE FAIT DE MANGER LE CORPS DU CHRIST, NOUS SOMMES PROGRESSIVEMENT TRANSFORMÉS DANS LE CHRIST, HABITÉS PAR SON AMOUR :

a. Vrai.

b. Faux.

5 LE MÉMORIAL DE LA MESSE, C'EST :

a. Un simple et pieux souvenir de la mort et de la résurrection du Christ.

b. Rendre présent et actuel le sacrifice du Christ, sa mort et sa résurrection.

c. La mémoire du dernier repas du Christ.

PARTAGER EN ÉQUIPE

« JE SUIS LE PAIN DE LA VIE »

« Moi, je suis le pain de la vie. Au désert, vos pères ont mangé la manne, et ils sont morts ; mais le pain qui descend du ciel est tel que celui qui en mange ne mourra pas. Moi, je suis le pain vivant, qui est descendu du ciel : si quelqu'un mange de ce pain, il vivra éternellement. Le pain que je donnerai, c'est ma chair, donnée pour la vie du monde. »

Les Juifs se querellaient entre eux : « Comment celui-là peut-il nous donner sa chair à manger ? » Jésus leur dit alors : « Amen, amen, je vous le dis : si vous ne mangez pas la chair du Fils de l'homme, et si vous ne buvez pas son sang, vous n'avez pas la vie en vous.

Celui qui mange ma chair et boit mon sang a la vie éternelle ; et moi, je le ressusciterai au dernier jour. En effet, ma chair est la vraie nourriture, et mon sang est la vraie boisson. Celui qui mange ma chair et boit mon sang demeure en moi, et moi, je demeure en lui. De même que le Père, qui est vivant, m'a envoyé, et que moi je vis par le Père, de même celui qui me mange, lui aussi vivra par moi. Tel est le pain qui est descendu du ciel : il n'est pas comme celui que les pères ont mangé. Eux, ils sont morts ; celui qui mange ce pain vivra éternellement.

Jean 6, 48-58

Voici pourquoi le Père m'aime : parce que je donne ma vie, pour la recevoir de nouveau. Nul ne peut me l'enlever : je la donne de moi-même. J'ai le pouvoir de la donner, j'ai aussi le pouvoir de la recevoir de nouveau : voilà le commandement que j'ai reçu de mon Père.

Jean 10, 17-18

Pendant le repas, Jésus, ayant pris du pain et prononcé la bénédiction, le rompit et, le donnant aux disciples, il dit : « Prenez, mangez : ceci est mon corps. » Puis, ayant pris une coupe et ayant rendu grâce, il la leur donna, en disant : « Buvez-en tous, car ceci est mon sang, le sang de l'Alliance, versé pour la multitude en rémission des péchés. Je vous le dis : désormais je ne boirai plus de ce fruit de la vigne, jusqu'au jour où je le boirai, nouveau, avec vous dans le royaume de mon Père. » Après avoir chanté les psaumes, ils partirent pour le mont des Oliviers. Alors Jésus leur dit : « Cette nuit, je serai pour vous tous une occasion de chute ; car il est écrit : Je frapperai le berger, et les brebis du troupeau seront dispersées. Mais, une fois ressuscité, je vous précéderai en Galilée. »

Matthieu 26, 26-32

Quand il eut pris le vinaigre, Jésus dit : « Tout est accompli. » Puis, inclinant la tête, il remit l'esprit.

Jean 19, 30

- **Relever dans l'évangile de Jean toutes les expressions qui définissent le « pain de la vie ».**
- **Pourquoi est-ce si important de « manger » le corps et le sang du Christ, quel est l'enjeu pour chacun de nous ?**

Jésus, dans l'eucharistie, donne non pas « quelque chose » mais se donne lui-même ; il offre son corps et il verse son sang. De cette manière, il donne la totalité de son existence, révélant la source originaire de cet amour. Il est le Fils éternel donné pour nous par le Père. [...] Jésus se manifeste ainsi comme le pain de la vie, que le Père éternel donne aux hommes.

En instituant le sacrement de l'eucharistie, Jésus anticipe et intègre le sacrifice de la croix et la victoire de la résurrection. Dans le même temps, il se révèle comme le véritable agneau immolé, prévu dans le dessein du Père dès avant la création du monde, ainsi qu'il est écrit dans la première lettre de Pierre (cf. 1, 18-20). En situant l'offrande de lui-même dans ce contexte, Jésus rend manifeste la signification salvifique de sa mort et de sa résurrection, mystère qui devient ainsi une réalité qui renouvelle l'histoire et le cosmos tout entier. L'institution de l'eucharistie montre en effet que cette mort, en soi violente et absurde, est devenue en Jésus un acte suprême d'amour et pour l'humanité une libération définitive du mal.

Benoît XVI, exhortation apostolique
Sacramentum Caritatis, n° 7 et n° 10

- **Quel est le dessein du Père ? Dans les évangiles et le texte de Benoît XVI, relever les passages qui montrent que le Christ donne librement sa vie.**
- **Quel sens cela donne-t-il au Jeudi saint ? Qu'est-ce qui est annoncé, assumé par le Christ ?**
- **Comment comprenez-vous : « Tout est accompli. » ?**
- **Qu'est-ce que cela implique dans ma façon de vivre le sacrement de l'eucharistie ?**

LA PRIÈRE

Seigneur Jésus Christ,
dans cet admirable sacrement,
tu nous as laissé le mémorial de ta passion ;
donne-nous de vénérer d'un si grand amour
le mystère de ton corps et de ton sang,
que nous puissions recueillir sans cesse
le fruit de ta rédemption.

Toi qui règnes avec le Père et le Saint-Esprit,
Maintenant et pour les siècles des siècles.

Amen.

Missel romain

QU'EST-CE QUE JE CHOISIS DE RETENIR DE CETTE DEUXIÈME SEMAINE DU MOOC ?

APPROFONDIR AVEC L'ÉGLISE

L'EUCHARISTIE : LE DON PAR EXCELLENCE

L'Église a reçu l'eucharistie du Christ son Seigneur non comme un don, pour précieux qu'il soit parmi bien d'autres, mais comme le don par excellence, car il est le don de lui-même, de sa personne dans sa sainte humanité, et de son œuvre de salut. Celle-ci ne reste pas enfermée dans le passé, puisque « tout ce que le Christ est, et tout ce qu'il a fait et souffert pour tous les hommes, participe de l'éternité divine et surplombe ainsi tous les temps... » Quand l'Église célèbre l'eucharistie, mémorial de la mort et de la résurrection de son Seigneur, cet événement central du salut est rendu réellement présent et ainsi « s'opère l'œuvre de notre rédemption ». Ce sacrifice est tellement décisif pour le salut du genre humain que Jésus Christ ne l'a accompli et n'est retourné vers le Père qu'après nous avoir laissé le moyen d'y participer comme si nous y avions été présents. Tout fidèle peut ainsi y prendre part et en goûter les fruits d'une manière inépuisable. Telle est la foi dont les générations chrétiennes ont vécu au long des siècles. [...] Mystère immense, mystère de miséricorde. Qu'est-ce que Jésus pouvait faire de plus pour nous ? Dans l'eucharistie, il nous montre vraiment un amour qui va « jusqu'au bout » (cf. Jn 13, 1), un amour qui ne connaît pas de mesure. [...]

Ainsi est proposée de nouveau la doctrine toujours valable du Concile de Trente : « Par la consécration du pain et du vin s'opère le changement de toute la substance du pain en la substance du corps du Christ notre Seigneur et de toute la substance du vin en la substance de son sang ; ce changement, l'Église catholique l'a justement et exactement appelé transsubstantiation. » L'eucharistie est vraiment « *mysterium fidei* », mystère qui dépasse notre intelligence et qui ne peut être accueilli que dans la foi.

SAINT JEAN-PAUL II, LETTRE ENCYCLIQUE *ECCLESIA DE EUCHARISTIA*, N° 11 ET N° 15

D'autres ressources sont disponibles en ligne. N'hésitez pas à aller les consulter !

03

ACCUEILLIR LE SEIGNEUR DE TOUT SON CŒUR

Jusqu'à présent, nous avons réfléchi au don de Dieu : c'est Lui qui nous invite à la messe, se révèle dans la Parole avant de nous donner son corps et son sang. Cette semaine, nous allons nous pencher sur l'accueil que nous lui faisons, de notre côté. Comment faire place en nous-mêmes au don de Dieu ?

VIDÉO 7

LA DISPONIBILITÉ SPIRITUELLE ET LA CONVERSION DU CŒUR
avec Mgr Matthieu Rougé

Le rendez-vous de la messe se prépare.

VIDÉO 8

SE LAISSER TRANSFORMER

avec le père Gilles Drouin

Comme l'argile entre les mains du potier.

VIDÉO 9

TOUS NOS SENS AU SERVICE DE LA LITURGIE

avec sœur Marie-Aimée Manchon

Le sens de la messe passe aussi par… nos sens.

LES RÉFÉRENCES DE LA PAROLE DE DIEU CITÉE DANS LES VIDÉOS

LA DISPONIBILITÉ SPIRITUELLE
ET LA CONVERSION DU CŒUR

Matthieu 22, 1-14

SE LAISSER TRANSFORMER

Luc 1, 26-38

Apocalypse 3, 20

LE QUIZ

N'oubliez pas de vous rendre sur le site www.lemoocdelamesse.fr pour valider le quiz et obtenir ainsi une attestation de réussite à la fin de la formation.

1 LA MESSE EST UNE CÉLÉBRATION AU COURS DE LAQUELLE :

a. Il est demandé aux fidèles d'être spectateurs.

b. Certains fidèles peuvent être invités ponctuellement à être acteurs.

c. Tous les fidèles sont appelés à être pleinement acteurs.

2 AU DÉBUT DE CHAQUE MESSE, NOUS PRENONS UN TEMPS POUR NOUS RECONNAÎTRE PÉCHEURS ET DEMANDER LE PARDON DU SEIGNEUR :

a. Pour être vraiment présents à ce que nous faisons et démarrer dans de bonnes dispositions.

b. Parce que nous avons sans cesse besoin de nous ajuster au Seigneur et de nous laisser renouveler par lui.

c. C'est une tradition ancienne qui n'a plus trop de sens.

3 LA LITURGIE PERMET D'ENTRER PAS À PAS DANS LA RENCONTRE AVEC LE CHRIST, C'EST UNE PÉDAGOGIE DE L'APPROCHE PROGRESSIVE :

a. Vrai.

b. Faux.

4 PARTICIPER ACTIVEMENT À LA MESSE, C'EST :

a. Prier avec tout notre corps : chanter, poser des gestes, etc.

b. Ouvrir notre être le plus profond pour laisser le Seigneur agir en nous.

c. Tout faire pour éviter les distractions.

5 DIRE « AMEN. » C'EST COMME DIRE « O.K., JE SUIS D'ACCORD, J'Y CROIS ET J'Y ADHÈRE. » :

a. Vrai.

b. Faux.

PARTAGER EN ÉQUIPE

SOYONS LA BONNE TERRE !

Jésus dit dans une parabole : « Le semeur sortit pour semer la semence, et comme il semait, il en tomba au bord du chemin. Les passants la piétinèrent, et les oiseaux du ciel mangèrent tout. Il en tomba aussi dans les pierres, elle poussa et elle sécha parce qu'elle n'avait pas d'humidité. Il en tomba aussi au milieu des ronces, et les ronces, en poussant avec elle, l'étouffèrent. Il en tomba enfin dans la bonne terre, elle poussa et elle donna du fruit au centuple. » Disant cela, il éleva la voix : « Celui qui a des oreilles pour entendre, qu'il entende ! » Ses disciples lui demandaient ce que signifiait cette parabole. Il leur déclara : « À vous il est donné de connaître les mystères du royaume de Dieu, mais les autres n'ont que les paraboles. Ainsi, comme il est écrit : Ils regardent sans regarder, ils entendent sans comprendre. Voici ce que signifie la parabole. La semence, c'est la parole de Dieu. Il y a ceux qui sont au bord du chemin : ceux-là ont entendu ; puis le diable survient et il enlève de leur cœur la Parole, pour les empêcher de croire et d'être sauvés. Il y a ceux qui sont dans les pierres : lorsqu'ils entendent, ils accueillent la Parole avec joie ; mais ils n'ont pas de racines, ils croient pour un moment et, au moment de l'épreuve, ils abandonnent. Ce qui est tombé dans les ronces, ce sont les gens qui ont entendu, mais qui sont étouffés, chemin faisant, par les soucis, la richesse et les plaisirs de la vie, et ne parviennent pas à maturité. Et ce qui est tombé dans la bonne terre, ce sont les gens qui ont entendu la Parole dans un cœur bon et généreux, qui la retiennent et portent du fruit par leur persévérance. »

Luc 8, 4-15

- **Dans cette parabole, quels sont les différents terrains qui reçoivent la semence ? Noter pour chacun ses caractéristiques et le fruit que cela produit sur la semence.**
- **Et moi, quelles tentations peuvent m'empêcher de recevoir la parole de Dieu ? Comment puis-je lutter contre elles ?**
- **Comment puis-je me préparer pour devenir une bonne terre ? Que me conseille le Seigneur ?**

....

....

....

....

....

....

Le silence ne se réduit pas à l'absence de paroles, mais signifie se disposer à écouter d'autres voix : celle de notre cœur et surtout, la voix de l'Esprit Saint. Dans la liturgie, la nature du silence sacré dépend du moment où il a lieu : « Pendant l'acte pénitentiel et après l'invitation à prier, chacun se recueille ; après une lecture ou l'homélie, on médite brièvement ce qu'on a entendu ; après la communion, le silence permet la louange et la prière intérieure » (*Présentation générale du missel romain*, n° 45). Donc, avant la prière initiale, le silence aide à nous recueillir en nous-mêmes et à penser à la raison pour laquelle nous sommes là. D'où l'importance d'écouter notre âme pour l'ouvrir ensuite au Seigneur. Peut-être venons-nous de connaître des jours de fatigue, de joie, de douleur, et nous voulons le dire au Seigneur, invoquer son aide, demander qu'il soit proche de nous ; peut-être avons-nous des parents et des amis malades ou qui traversent des périodes difficiles ; peut-être désirons-nous confier à Dieu le destin de l'Église et du monde. [...] Sans ce silence, nous risquons de négliger le recueillement de l'âme. [...]

Certes, il ne suffit pas d'entendre avec les oreilles, sans accueillir dans le cœur la semence de la Parole divine, en lui permettant de porter du fruit. Rappelons-nous la parabole du semeur et des différents résultats selon les divers types de terrain (cf. Mc 4, 14-20). L'action de l'Esprit, qui rend la réponse efficace, a besoin de cœurs qui se laissent travailler et cultiver, pour que ce que l'on écoute pendant la messe passe dans la vie quotidienne, selon la [réprimande] de l'apôtre Jacques : « Mettez la Parole en pratique. Ne soyez pas seulement des auditeurs qui s'abusent eux-mêmes ! » (Jc 1, 22). La parole de Dieu accomplit un chemin en nous. Nous l'écoutons avec nos oreilles et elle passe dans notre cœur ; elle ne reste pas dans les oreilles, elle doit aller au cœur ; et du cœur elle passe aux mains, aux bonnes œuvres. Tel est le parcours que fait la parole de Dieu : des oreilles au cœur et aux mains.

Pape François, *Catéchèses sur la messe*,
10 et 31 janvier 2018

- **Que nous dit le pape François sur le silence ? Quelle voix me permet-il d'entendre ?**
- **Ai-je la volonté de faire passer la parole de Dieu de mes oreilles à mon cœur et de mon cœur à mes mains ?**
- **Pourquoi ne pas prendre la résolution de me rendre plus disponible à l'action de Dieu lors de ma prochaine messe et de prier l'Esprit Saint pour cela ?**

....

....

....

....

....

....

LA PRIÈRE

Seigneur tout-puissant et miséricordieux,
ne laisse pas le souci de nos tâches présentes
entraver notre marche à la rencontre de ton Fils,
mais éveille en nous cette intelligence du cœur
qui nous prépare à l'accueillir
et nous fait entrer dans sa propre vie.

Dieu qui as envoyé ton Fils unique dans ce monde
pour libérer l'homme de son péché ;
accorde à ceux qui t'appellent du fond du cœur
d'être vraiment libres pour t'aimer.

Par Jésus Christ, ton Fils bien-aimé,
Amen.

Missel romain, oraisons de l'Avent

QU'EST-CE QUE JE CHOISIS DE RETENIR DE CETTE TROISIÈME SEMAINE DU MOOC ?

APPROFONDIR AVEC L'ÉGLISE

L'OUVERTURE DU CŒUR

Il est nécessaire que les fidèles accèdent à la liturgie avec les dispositions d'une âme droite, qu'ils harmonisent leur âme avec leur voix, et qu'ils coopèrent à la grâce d'en haut pour ne pas recevoir celle-ci en vain. C'est pourquoi les pasteurs doivent être attentifs à ce que dans l'action liturgique, non seulement on observe les lois d'une célébration valide et licite, mais aussi à ce que les fidèles participent à celle-ci de façon consciente, active et fructueuse.

CONCILE VATICAN II, *SACROSANCTUM CONCILIUM*, N° 11

POUR UNE PARTICIPATION FRUCTUEUSE

Une [des conditions personnelles pour une participation fructueuse] est assurément l'esprit de constante conversion qui doit caractériser la vie de tous les fidèles. On ne peut attendre une participation active à la liturgie eucharistique si l'on s'en approche de manière superficielle, sans s'interroger auparavant sur sa propre vie. Le recueillement et le silence, au moins quelques minutes avant le début de la liturgie, le jeûne et, lorsque cela est nécessaire, la confession sacramentelle, favorisent, par exemple, cette disposition intérieure. Un cœur réconcilié avec Dieu permet la vraie participation. Il convient en particulier de rappeler aux fidèles le fait qu'une *actuosa participatio*[1] aux saints mystères ne peut pas se réaliser si l'on ne cherche pas en même temps à prendre une part active à la vie ecclésiale dans son intégralité, qui comprend aussi l'engagement missionnaire de porter l'amour du Christ dans la société.

BENOÎT XVI, EXHORTATION APOSTOLIQUE *SACRAMENTUM CARITATIS*, N° 55

---

1. Participation active, pleine et fructueuse.

D'autres ressources sont disponibles en ligne. N'hésitez pas à aller les consulter !

04

PARTICIPER À SON OFFRANDE PAR LE DON DE NOUS-MÊME

Invités à la messe, nous nous rendons disponibles pour recevoir le Seigneur qui se donne, nous essayons d'être une bonne terre pour l'accueillir. Cette semaine, le **MOOC** continue à nous entraîner dans le grand mouvement spirituel de la messe : cette dynamique qui nous amène à participer à l'offrande de Jésus.

VIDÉO 10

PARTICIPER À SON OFFRANDE

avec le père Gilles Drouin

Venir à la messe en y apportant toute notre vie.

VIDÉO 11

UNIS AU CHRIST DANS L'ACTION DE GRÂCE

avec Mgr Matthieu Rougé

Unis au Christ dans l'action de grâce.

VIDÉO 12

TÉMOINS DE LA VIE EUCHARISTIQUE

avec Florian Bonnasse, Marie-Alice Debonnet, le père Arnaud Toury et Talia A. Yamat

Comment vivent-ils la messe ? Quel est leur chemin ? Qu'ont-ils à nous dire ?

LES RÉFÉRENCES DE LA PAROLE DE DIEU CITÉE DANS LES VIDÉOS

UNIS AU CHRIST DANS L'ACTION DE GRÂCE

Luc 2, 11-16

Colossiens 3, 13-17

LE QUIZ

N'oubliez pas de vous rendre sur le site www.lemoocdelamesse.fr pour valider le quiz et obtenir ainsi une attestation de réussite à la fin de la formation.

1 LA PROCESSION DES OFFRANDES À LA MESSE SIGNIFIE AVANT TOUT QUE :

a. Nous offrons au Seigneur ce que nous avons gagné par nos propres mérites.

b. Nous apportons notre vie au Seigneur pour qu'il la transforme.

c. Nous manifestons notre solidarité au corps de l'Église.

2 S'UNIR AU SACRIFICE DU CHRIST, C'EST UNE FORMULE UN PEU EXCESSIVE :

a. Vrai.

b. Faux.

3 AU CŒUR DE LA MESSE, LA PRIÈRE EUCHARISTIQUE EST RÉSERVÉE AU CÉLÉBRANT QUI EST LE SEUL HABILITÉ À LA PRIER :

a. Vrai.

b. Faux.

4 UN MYSTÈRE, EN LANGAGE CHRÉTIEN, EST :

a. Une réalité impossible à comprendre.

b. Une hypothèse qu'il ne faut pas chercher à comprendre.

c. Une réalité que l'on n'a jamais fini de découvrir.

5 LE SACRIFICE ET L'ACTION DE GRÂCE SONT INTIMEMENT LIÉS : JÉSUS ACCUEILLE SA VIE DU PÈRE ET L'OFFRE PAR AMOUR AU PÈRE :

a. Vrai.

b. Faux.

6 MGR ROUGÉ NOUS DIT QUE LA LOUANGE C'EST PROFONDÉMENT :

a. Une attitude : se recevoir du Père et s'offrir à lui en reconnaissance de ce qu'il nous donne.

b. Un petit chant joyeux qui célèbre le Seigneur.

c. Un état d'esprit d'ouverture à la grâce.

PARTAGER EN ÉQUIPE

« VOUS FEREZ CELA EN MÉMOIRE DE MOI »

Tu as tellement aimé le monde, Père très saint, que tu nous as envoyé ton propre Fils, lorsque les temps furent accomplis, pour qu'il soit notre Sauveur.

Conçu de l'Esprit Saint, né de la Vierge Marie, il a vécu notre condition d'homme en toute chose, excepté le péché, annonçant aux pauvres la bonne nouvelle du salut ; aux captifs, la délivrance ; aux affligés, la joie.

Pour accomplir le dessein de ton amour, il s'est livré lui-même à la mort, et, par sa résurrection, il a détruit la mort et renouvelé la vie. Afin que notre vie ne soit plus à nous-mêmes, mais à lui qui est mort et ressuscité pour nous, il a envoyé d'auprès de toi, comme premier don fait aux croyants, l'Esprit qui poursuit son œuvre dans le monde et achève toute sanctification.

Que ce même Esprit Saint, nous t'en prions, Seigneur, sanctifie ces offrandes : qu'elles deviennent ainsi le corps et le sang de ton Fils dans la célébration de ce grand mystère, que lui-même nous a laissé en signe de l'Alliance éternelle.

Quand l'heure fut venue où tu allais le glorifier, comme il avait aimé les siens qui étaient dans le monde, il les aima jusqu'au bout : pendant le repas qu'il partageait avec eux, il prit le pain, il le bénit, il le rompit et le donna à ses disciples, en disant : « Prenez, et mangez-en tous : ceci est mon corps livré pour vous. »

De même, il prit la coupe remplie de vin, il rendit grâce, et la donna à ses disciples, en disant : « Prenez, et buvez-en tous, car ceci est la coupe de mon sang, le sang de l'alliance nouvelle et éternelle, qui sera versé pour vous et pour la multitude en rémission des péchés. Vous ferez cela, en mémoire de moi. »

Il est grand, le mystère de la foi.

Voilà pourquoi, Seigneur, nous célébrons aujourd'hui le mémorial de notre rédemption : en rappelant la mort de Jésus Christ et sa descente au séjour des morts, en proclamant sa résurrection et son ascension à ta droite dans le ciel, en attendant aussi qu'il vienne dans la gloire, nous t'offrons son corps et son sang, le sacrifice qui est digne de toi et qui sauve le monde.

Regarde, Seigneur, cette offrande que tu as donnée toi-même à ton Église ; accorde à tous ceux qui vont partager ce pain et boire à cette coupe d'être rassemblés par l'Esprit Saint en un seul corps, pour qu'ils soient eux-mêmes dans le Christ une vivante offrande à la louange de ta gloire.

Prière eucharistique n° IV

- **Souligner de trois couleurs différentes les actions qui relèvent du Père, du Fils et du Saint-Esprit. Que fait le Père, que fait le Fils, que fait le Saint-Esprit ?**
- **À quoi sommes-nous invités ? Relever les expressions qui appellent notre participation.**
- **Quel est ce « cela » que le Christ invite à faire en mémoire de lui ? Comment répondre pleinement à cette invitation ?**

Seigneur, veux-tu mes mains pour passer cette journée à aider les pauvres et les malades qui en ont besoin ?
Seigneur, aujourd'hui je te donne mes mains.
Seigneur, veux-tu mes pieds pour passer cette journée à visiter ceux qui ont besoin d'un ami ?
Seigneur, aujourd'hui, je te donne mes pieds.
Seigneur, veux-tu ma voix pour passer cette journée à parler à ceux qui ont besoin de paroles d'amour ?
Seigneur, aujourd'hui je te donne ma voix.
Seigneur, veux-tu mon cœur pour passer cette journée à aimer chaque homme seul, rien que parce qu'il est un homme ?
Seigneur, aujourd'hui je te donne mon cœur.

Sainte Mère Teresa

- **Relever dans ce texte ce que nous pouvons offrir à Dieu.**
- **Comment faire de sa vie une participation à l'offrande du Christ ?**
- **Je peux prendre une résolution concrète pour avancer sur ce chemin.**

LA PRIÈRE

Seigneur,
fais de moi ce que tu voudras.
Je ne marchande pas,
je ne mets pas de conditions.
Je ne cherche pas à savoir où tu me conduis.
Je serai ce que tu voudras.
Je ne dis pas que je te suivrai où tu iras,
car je suis faible,
mais je me donne
pour que tu me mènes où tu voudras.
Amen.

Saint John Henry Newman

QU'EST-CE QUE JE CHOISIS DE RETENIR DE CETTE QUATRIÈME SEMAINE DU MOOC ?

APPROFONDIR AVEC L'ÉGLISE

S'ENGAGER PERSONNELLEMENT

La grande tradition liturgique de l'Église nous enseigne qu'en vue d'une participation fructueuse, il est nécessaire de s'engager à correspondre personnellement au mystère qui est célébré, par l'offrande à Dieu de sa propre vie, unie au sacrifice du Christ pour le salut du monde entier.

BENOÎT XVI, EXHORTATION APOSTOLIQUE *SACRAMENTUM CARITATIS*, N° 64

ENTRER DANS « L'HEURE » DU CHRIST

Par son commandement « Faites cela en mémoire de moi » (Lc 22, 19 ; 1 Co 11, 25), [le Christ] demande de correspondre à son offrande et de la représenter sacramentellement. [...] En effet, le mémorial de son offrande parfaite ne consiste pas dans la simple répétition de la dernière Cène, mais précisément dans l'eucharistie, c'est-à-dire dans la nouveauté radicale du culte chrétien. Jésus nous a ainsi laissé la mission d'entrer dans son « heure ». « L'eucharistie nous attire dans l'acte d'offrande de Jésus. Nous ne recevons pas seulement le *Logos* incarné de manière statique, mais nous sommes entraînés dans la dynamique de son offrande. » Il « nous attire en lui ». La conversion substantielle du pain et du vin en son corps et en son sang met dans la création le principe d'un changement radical, comme une sorte de « fission nucléaire », pour utiliser une image qui nous est bien connue, portée au plus intime de l'être, un changement destiné à susciter un processus de transformation de la réalité, dont le terme ultime sera la transfiguration du monde entier, jusqu'au moment où Dieu sera tout en tous (cf. 1 Co 15, 28).

BENOÎT XVI, EXHORTATION APOSTOLIQUE *SACRAMENTUM CARITATIS*, N° 11

D'autres ressources sont disponibles en ligne. N'hésitez pas à aller les consulter !

05

LA COMMUNION AU CHRIST, SOURCE DE LA COMMUNAUTÉ

Après avoir vu comment la messe nous faisait participer à l'offrande de Jésus, nous allons porter notre attention sur la prière que le Christ lui-même a apprise à ses disciples : le Notre Père. Sachant que l'ordre de la messe ne laisse rien au hasard, quel est le moment précis choisi pour prier le Notre Père tous ensemble, et pourquoi ?

VIDÉO 13

NOTRE PÈRE EUCHARISTIQUE

avec Mgr Matthieu Rougé

Le Notre Père est comme une synthèse de la prière eucharistique.

VIDÉO 14

UNIS PAR LE CHRIST

avec le père Gilles Drouin

À la messe, nous devenons un seul corps.

VIDÉO 15

LE DIMANCHE DES CURIEUX : INVITER LARGEMENT !

avec le père Barthélémy Port

La communauté, un signe pour le monde.

LES RÉFÉRENCES DE LA PAROLE DE DIEU CITÉE DANS LES VIDÉOS

NOTRE PÈRE EUCHARISTIQUE
Matthieu 6, 9-13

UNIS PAR LE CHRIST
Galates 3, 25-29

LE QUIZ

N'oubliez pas de vous rendre sur le site www.lemoocdelamesse.fr pour valider le quiz et obtenir ainsi une attestation de réussite à la fin de la formation.

1 LA PRIÈRE DU NOTRE PÈRE NOUS AIDE À PERCEVOIR QUE TOUTE LA PRIÈRE DE L'EUCHARISTIE EST TOURNÉE VERS LE PÈRE :

a. Vrai.

b. Faux.

2 TOUTE L'ASSEMBLÉE PRIE LE NOTRE PÈRE :

a. Pour entrer dans la prière eucharistique.

b. Pour prolonger la prière eucharistique et se préparer à communier.

c. Pour manifester son unité.

3 CE QUI FONDE L'UNITÉ DES CHRÉTIENS :

a. C'est de se retrouver souvent à la messe.

b. C'est d'être unis par des gestes, des pratiques et des prières communes.

c. C'est de communier au corps du Christ.

4 LES FIDÈLES SE RÉUNISSENT À LA MESSE D'ABORD POUR :

a. Rendre un culte à Dieu et au Christ.

b. Permettre, de façon sacramentelle, la communion au Christ.

c. Former à la suite du Christ une famille fraternelle et homogène.

5 EN COMMUNIANT, LES FIDÈLES REÇOIVENT LE CORPS DU CHRIST ET SONT AUSSI REÇUS DANS CE CORPS DONT IL EST LA TÊTE ET EUX LES MEMBRES :

a. Vrai.

b. Faux.

PARTAGER EN ÉQUIPE

« QUE TOUS SOIENT UN ! »

1) Le commandement de l'amour

« Je ne prie pas seulement pour ceux qui sont là, mais encore pour ceux qui, grâce à leur parole, croiront en moi. Que tous soient un, comme toi, Père, tu es en moi, et moi en toi. Qu'ils soient un en nous, eux aussi, pour que le monde croie que tu m'as envoyé. Et moi, je leur ai donné la gloire que tu m'as donnée, pour qu'ils soient un comme nous sommes un : moi en eux, et toi en moi. Qu'ils deviennent ainsi parfaitement un, afin que le monde sache que tu m'as envoyé, et que tu les as aimés comme tu m'as aimé. »

Jean 17, 20-23

Alors, ceux qui avaient accueilli la parole de Pierre furent baptisés. Ce jour-là, environ trois mille personnes se joignirent à eux. Ils étaient assidus à l'enseignement des Apôtres et à la communion fraternelle, à la fraction du pain et aux prières. La crainte de Dieu était dans tous les cœurs à la vue des nombreux prodiges et signes accomplis par les Apôtres. Tous les croyants vivaient ensemble, et ils avaient tout en commun ; ils vendaient leurs biens et leurs possessions, et ils en partageaient le produit entre tous en fonction des besoins de chacun. Chaque jour, d'un même cœur, ils fréquentaient assidûment le Temple, ils rompaient le pain dans les maisons, ils prenaient leurs repas avec allégresse et simplicité de cœur ; ils louaient Dieu et avaient la faveur du peuple tout entier. Chaque jour, le Seigneur leur adjoignait ceux qui allaient être sauvés.

Actes 2, 41-47

- **Que demande le Christ à son Père ? Pourquoi ? Et que nous demande-t-il ?**
- **Dans le texte des Actes, relever les activités des premiers chrétiens. En quoi cela nous rappelle-t-il la structure de la messe ?**
- **En reprenant ces textes, proposer les éléments fondateurs de la communion fraternelle.**

....

....

....

....

....

2) La construction de l'unité

Invocation de l'Esprit

Humblement, nous te demandons qu'en ayant part au corps et au sang du Christ, nous soyons rassemblés par l'Esprit Saint en un seul corps.

Épiclèse de la prière eucharistique n° 2

Le rite de la paix

L'Église implore la paix et l´unité pour elle-même et toute la famille humaine, et les fidèles expriment leur communion dans l'Église ainsi que leur amour mutuel avant de communier au sacrement.

La fraction du pain

Le prêtre rompt le pain eucharistique, aidé, le cas échéant, par le diacre ou un concélébrant. Le geste de la fraction, accompli par le Christ à la dernière Cène et qui a donné son nom à toute l'action eucharistique à l´âge apostolique, signifie que les multiples fidèles, dans la communion à l'unique pain de vie, qui est le Christ, mort et ressuscité pour le salut du monde, deviennent un seul corps (1 Co 10, 17).

Présentation générale du missel romain (PGMR), n° 82 et n° 83

- **Que nous dit la prière de l'épiclèse sur la source de l'unité ?**
- **Quels sont les deux gestes commentés par le texte de la Présentation générale du missel romain ? En quoi sont-ils signes de l'unité ? Pourquoi le rite de la paix est-il placé avant la communion ?**
- **Et nous, que faisons-nous concrètement pour faire progresser notre union au Christ et à son corps qui est l'Église, avant la messe, pendant, après ?**

LA PRIÈRE

Seigneur,
dans l'Alliance instaurée par ton Fils,
Tu ne cesses de te former un peuple
qui se rassemble dans l'Esprit Saint
sans distinction de race et sans frontières ;
accorde à ton Église
d'accomplir sa mission universelle :
qu'elle soit le ferment et l'âme du monde
pour que devienne la famille de Dieu
toute l'humanité renouvelée dans le Christ.

Lui qui règne pour les siècles des siècles.

Missel romain, prière pour l'Église

QU'EST-CE QUE JE CHOISIS DE RETENIR DE CETTE CINQUIÈME SEMAINE DU MOOC ?

....

....

....

....

....

....

....

....

....

....

....

....

APPROFONDIR AVEC L'ÉGLISE

CE DONT NOUS AVONS VÉRITABLEMENT BESOIN

Que pouvons-nous répondre à ceux qui disent qu'il ne sert à rien d'aller à la messe, pas même le dimanche, parce que l'important est de bien vivre, d'aimer son prochain ? Il est vrai que la qualité de la vie chrétienne se mesure à la capacité d'aimer, comme l'a dit Jésus : « À ceci tous reconnaîtront que vous êtes mes disciples : si vous avez de l'amour les uns pour les autres. » (Jn 13, 35) ; mais comment pouvons-nous pratiquer l'Évangile sans puiser l'énergie nécessaire pour le faire, un dimanche après l'autre, à la source intarissable de l'eucharistie ? Nous n'allons pas à la messe pour donner quelque chose à Dieu, mais pour recevoir de lui ce dont nous avons véritablement besoin.

PAPE FRANÇOIS, *CATÉCHÈSE SUR LA MESSE*, 13 DÉCEMBRE 2017

L'EUCHARISTIE FAIT L'ÉGLISE

L'unité du corps mystique : l'eucharistie fait l'Église. Ceux qui reçoivent l'eucharistie sont unis plus étroitement au Christ. Par là même, le Christ les unit à tous les fidèles en un seul corps : l'Église. La communion renouvelle, fortifie, approfondit cette incorporation à l'Église déjà réalisée par le baptême. [...]

CATÉCHISME DE L'ÉGLISE CATHOLIQUE, N° 1396

D'autres ressources sont disponibles en ligne. N'hésitez pas à aller les consulter !

06

POUR LA GLOIRE DE DIEU ET LE SALUT DU MONDE

Cette dernière semaine de **MOOC** est placée sous le signe de l'envoi en « mission », ce mot qui a la même origine que « messe ». Les fruits de la messe dépassent ceux que l'on peut percevoir pour soi-même ou pour sa paroisse, ils bénéficient au monde entier, aux hommes qui nous ont précédés, à l'ensemble de la Création.

VIDÉO 16

POUR LE SALUT DU MONDE

avec le père Gilles Drouin

Si nous mesurions la dimension cosmique de chaque messe !

VIDÉO 17

LA PORTE DE LA VIE ÉTERNELLE DÉJÀ COMMENCÉE

avec Mgr Matthieu Rougé

La messe nous (re)place dans la perspective de la vie éternelle.

VIDÉO 18

ENVOI EN MISSION !

avec Mgr Matthieu Rougé

La messe est finie, la mission commence.

LES RÉFÉRENCES DE LA PAROLE DE DIEU CITÉE DANS LES VIDÉOS

ENVOI EN MISSION !

Jean 13, 1-15

LE QUIZ

N'oubliez pas de vous rendre sur le site www.lemoocdelamesse.fr pour valider le quiz et obtenir ainsi une attestation de réussite à la fin de la formation.

1 QUAND ON PARLE DE « COMMUNION DES SAINTS », ON MANIFESTE QUE L'ÉGLISE EST INFINIMENT PLUS VASTE QUE CE QUE NOUS VOYONS DE NOS YEUX :

a. Vrai.

b. Faux.

2 LA VALEUR D'UNE MESSE SE MESURE AU NOMBRE DE SES PARTICIPANTS :

a. Vrai.

b. Faux.

3 SI PERSONNELLEMENT NOUS N'ALLONS PAS À LA MESSE, CELA N'A AUCUNE IMPORTANCE :

a. Vrai.

b. Faux.

4 TOUS LES HOMMES QUELS QU'ILS SOIENT, CROYANTS OU NON, SONT CONCERNÉS PAR LA MESSE :

a. Vrai.

b. Faux.

5 LORSQUE L'ON CÉLÈBRE LA MESSE, ON SORT EN QUELQUE SORTE DE L'ESPACE-TEMPS :

a. Vrai.

b. Faux.

6 CÉLÉBRER UNE MESSE EN MÉMOIRE DES DÉFUNTS RELÈVE PLUS DE LA DIMENSION CULTURELLE QUE SPIRITUELLE :

a. Vrai.

b. Faux.

7 À LA MESSE, LES ANGES ET LES SAINTS PRIENT AVEC NOUS, MÊME SI ON NE LES VOIT PAS :

a. Vrai.

b. Faux.

8 ON N'EST JAMAIS AUTANT EN COMMUNION AVEC NOS PROCHES, VIVANTS OU MORTS, QUE DANS LA COMMUNION EUCHARISTIQUE :

a. Vrai.

b. Faux.

9 LE JEUDI SAINT, QUI UNIT LE LAVEMENT DES PIEDS ET L'EUCHARISTIE, NOUS RÉVÈLE QUE L'ENGAGEMENT ENVERS LES AUTRES TROUVE SA SOURCE DANS L'UNION AU CHRIST :

a. Vrai.

b. Faux.

10 L'EUCHARISTIE NOUS AIDE À NOUS TOURNER VERS LES AUTRES ET À MIEUX LES AIMER :

a. Vrai.

b. Faux.

PARTAGER EN ÉQUIPE

LES FRUITS DE LA COMMUNION

1391. *La communion accroît notre union au Christ.* Recevoir l'eucharistie dans la communion porte comme fruit principal l'union intime au Christ Jésus. Le Seigneur dit en effet : « Qui mange ma chair et boit mon sang demeure en moi et moi en lui. » (Jn 6, 56). [...]

1392. Ce que l'aliment matériel produit dans notre vie corporelle, la communion le réalise de façon admirable dans notre vie spirituelle. La communion à la chair du Christ ressuscité, « vivifiée par l'Esprit Saint et vivifiante » (PO 5), conserve, accroît et renouvelle la vie de grâce reçue au baptême. Cette croissance de la vie chrétienne a besoin d'être nourrie par la communion eucharistique, pain de notre pèlerinage, jusqu'au moment de la mort, où il nous sera donné comme viatique.

1393. *La communion nous sépare du péché.* Le corps du Christ que nous recevons dans la communion est « livré pour nous », et le sang que nous buvons, est « versé pour la multitude en rémission des péchés ». C'est pourquoi l'eucharistie ne peut pas nous unir au Christ sans nous purifier en même temps des péchés commis et nous préserver des péchés futurs.

1394. Comme la nourriture corporelle sert à restaurer la perte des forces, l'eucharistie fortifie la charité qui, dans la vie quotidienne, tend à s'affaiblir ; et cette charité vivifiée efface les péchés véniels. En se donnant à nous, le Christ ravive notre amour et nous rend capables de rompre les attachements désordonnés aux créatures et de nous enraciner en lui. [...]

1395. Par la même charité qu'elle allume en nous, l'eucharistie nous préserve des péchés mortels futurs. Plus nous participons à la vie du Christ et plus nous progressons dans son amitié, plus il nous est difficile de rompre avec lui par le péché mortel. [...]

1396. *L'unité du corps mystique : l'eucharistie fait l'Église.* Ceux qui reçoivent l'eucharistie sont unis plus étroitement au Christ. Par là même, le Christ les unit à tous les fidèles en un seul corps : l'Église. La communion renouvelle, fortifie, approfondit cette incorporation à l'Église déjà réalisée par le baptême. [...]

1397. L'eucharistie engage envers les pauvres : pour recevoir dans la vérité le corps et le sang du Christ livrés pour nous, nous devons reconnaître le Christ dans les plus pauvres, ses frères (cf. Mt 25, 40) :

> Tu as goûté au sang du Seigneur et tu ne reconnais pas même ton frère. Tu déshonores cette table même, en ne jugeant pas digne de partager ta nourriture celui qui a été jugé digne de prendre part à cette table. Dieu t'a libéré de tous tes péchés et t'y a invité. Et toi, pas même alors, tu n'es devenu plus miséricordieux (S. Jean Chrysostome).

Catéchisme de l'Église catholique

- **Relever les différents fruits de la communion. Les méditer.**
- **En choisir un ou deux particulièrement pour demander la grâce de les recevoir dans la prière lors de notre prochaine messe.**

Les fruits de la messe sont donc destinés à mûrir dans la vie de chaque jour. Nous pouvons ainsi dire, en forçant un peu l'image : la messe est comme le grain, le grain de blé qui croît ensuite dans la vie ordinaire, qui croît et mûrit dans les bonnes œuvres, dans les comportements qui nous font ressembler à Jésus. Les fruits de la messe sont donc destinés à mûrir dans la vie de chaque jour. En vérité, en accroissant notre union au Christ, l'eucharistie renouvelle la grâce que l'Esprit nous a donnée dans le baptême et dans la confirmation, afin que notre témoignage chrétien soit crédible.

De plus, en allumant dans nos cœurs la charité divine, que fait l'eucharistie ? Elle nous sépare du péché : « Plus nous participons à la vie du Christ et plus nous progressons dans son amitié, plus il nous est difficile de rompre avec lui par le péché mortel. »

Nous approcher régulièrement de la table eucharistique renouvelle, fortifie et approfondit le lien avec la communauté chrétienne à laquelle nous appartenons, suivant le principe selon lequel l'eucharistie fait l'Église, elle nous unit tous.

Enfin, participer à l'eucharistie engage à l'égard des autres, en particulier des pauvres, en nous éduquant à passer de la chair du Christ à la chair de nos frères, dans lesquels il attend d'être reconnu, servi, honoré et aimé par nous.

En apportant le trésor de l'union avec le Christ dans des vases d'argile (cf. 2 Co 4, 7), nous avons constamment besoin de revenir au saint autel, jusqu'à ce que nous goûtions pleinement, au paradis, à la béatitude du banquet des noces de l'Agneau (cf. Ap 19, 9).

Rendons grâce au Seigneur pour le chemin de redécouverte de la messe qu'il nous a donné d'accomplir ensemble, et laissons-nous attirer avec une foi renouvelée vers cette rencontre réelle avec Jésus, mort et ressuscité pour nous, notre contemporain.

Et que notre vie soit toujours « fleurie » ainsi, comme Pâques, avec les fleurs de l'espérance, de la foi, des bonnes œuvres. Que nous trouvions toujours la force pour cela dans l'eucharistie, dans l'union avec Jésus.

Pape François, *Catéchèse sur la messe*, 4 avril 2018

- **Retrouver dans cet enseignement du pape François les différents fruits de la communion et les souligner.**
- **Quel est le conseil que nous donne le pape ?**
- **Sur un plan personnel, à la lumière de tout le chemin parcouru dans le MOOC de la messe, reprendre deux points particulièrement éclairants. Pourquoi ne pas essayer de les transmettre à ses proches ?**

....

....

....

....

....

....

LA PRIÈRE

Gloire à Dieu, au plus haut des cieux,
et paix sur la terre aux hommes qu'Il aime.
Nous te louons, nous te bénissons, nous t'adorons,
nous te glorifions, nous te rendons grâce,
pour ton immense gloire,
Seigneur Dieu, Roi du ciel,
Dieu le Père tout-puissant.
Seigneur, Fils unique, Jésus Christ,
Seigneur Dieu, Agneau de Dieu, le Fils du Père ;
toi qui enlèves le péché du monde,
prends pitié de nous
toi qui enlèves le péché du monde,
reçois notre prière ;
toi qui es assis à la droite du Père,
prends pitié de nous.
Car toi seul es saint,
toi seul es Seigneur,
toi seul es le Très-Haut :
Jésus Christ, avec le Saint-Esprit
Dans la gloire de Dieu le Père.
Amen.

QU'EST-CE QUE JE CHOISIS DE RETENIR DE CETTE SIXIÈME SEMAINE DU MOOC ?

....

....

....

....

....

APPROFONDIR AVEC L'ÉGLISE

POUR LA GLOIRE DE DIEU ET LE SALUT DU MONDE

Introduisons-nous subrepticement dans une assemblée eucharistique. Le prêtre est en train d'inviter les fidèles à la prière : « Prions ensemble, au moment d'offrir le sacrifice de toute l'Église. » La réponse fuse aussitôt dans un bel ensemble : « Pour la gloire de Dieu et le salut du monde. »

Il faudrait pouvoir s'offrir le temps de s'arrêter pour méditer la richesse, la profondeur de cette découverte : oui, la gloire de Dieu, c'est le salut du monde, c'est-à-dire de l'humanité tout entière. Encore faut-il donner au mot « gloire » tout son sens : manifestation, rayonnement, présence éblouissante de notre Dieu, c'est tout cela à la fois. Quand Dieu sera enfin reconnu et aimé, adoré par toute l'humanité, alors elle sera sauvée, elle entrera dans le bonheur pour lequel elle a été créée. Oui, vraiment, prions « pour la gloire de Dieu qui est le salut du monde ». Au passage, on se souvient que, déjà, les prophètes de l'Ancien Testament avaient perçu cette réalité : quand ils annonçaient que Dieu allait libérer son peuple déporté à Babylone, ils se réjouissaient que les nations païennes soient témoins de l'œuvre de Dieu et apprennent ainsi à le connaître.

MARIE-NOËLLE THABUT, *MAGNIFICAT FRANCE*, AVRIL 2020

FORTIFIÉS PAR L'EUCHARISTIE

Et puisque le monde est « le champ » (Mt 13, 38) dans lequel Dieu met ses enfants comme du bon grain, les chrétiens laïcs, en vertu de leur baptême et de leur confirmation, et fortifiés par l'eucharistie, sont appelés à vivre la nouveauté radicale apportée par le Christ précisément au cœur des conditions communes de l'existence. Ils doivent nourrir le désir que l'eucharistie marque toujours plus profondément leur vie quotidienne, les amenant à être des témoins identifiables dans leur milieu de travail et dans la société tout entière. J'adresse un encouragement particulier aux familles, pour qu'elles puisent inspiration et force dans ce sacrement. L'amour entre l'homme et la femme, l'accueil de la vie, la tâche éducative, se révèlent être des lieux privilégiés où l'eucharistie peut manifester sa capacité de transformer et de porter l'existence à sa plénitude de sens.

BENOÎT XVI, *SACRAMENTUM CARITATIS*, N° 79

D'autres ressources sont disponibles en ligne. N'hésitez pas à aller les consulter !

Vous souhaitez obtenir une attestation de réussite ?
Rendez-vous sur www.lemoocdelamesse.fr et validez les quiz en ligne pour la recevoir !

Crédits photographiques
p. 6 Sybille Montagne, Mgr Rougé, père Drouin © **MOOC** de la messe
p. 8 Rocamadour © Dream Team
p. 16 *La Cène*, Ugolino da Siena, © Robert Lehman Collection, 1975
p. 24 © Nastyaofly, Shutterstock.com
p. 32 *La Trinité*, Masaccio, église Santa Maria Novella, Florence, © Nicolò Orsi Battaglini/Bridgeman Images
p. 40 Kongres Młodzieży Polonijnej, © episkopat.pl
p. 48 *Le Couronnement de la Vierge*, Fra Angelico, Galerie des Offices, Florence, © Bridgeman Images

Crédits iconographiques
© adobe stock et © shutterstock.com

FSC www.fsc.org MIXTE Papier issu de sources responsables FSC® C007507

Achevé d'imprimer en août 2020
par Graphycems (Espagne)
sur papier FSC®
N° d'édition : 20196
Dépôt légal : septembre 2020